ALLOCUTION

PRONONCÉE

par M. l'Abbé Richaud

Vicaire à la Cathédrale de Digne

POUR LE MARIAGE

DE

M. JOSEPH BLANC

AVOUÉ, DOCTEUR EN DROIT

AVEC

Mlle LUCIE SCHWEISS

CÉLÉBRÉ

DANS L'ÉGLISE DE VOREPPE (ISÈRE)

LE 8 JUILLET 1890

Il me serait bien difficile, Mon cher Ami, de ne pas voir la main de Dieu dans votre mariage ; c'est, manifestement, la Providence qui vous ramène ici.

Lorsque, après avoir fait, à Grenoble, vos études de Droit — et de brillantes études, nous le savons tous, — vous disiez adieu à vos amis et à vos maîtres, pour retourner au pays natal, vous ne vous doutiez pas, assurément, que vous reviendriez, après quelques années, à Voreppe, aux portes de Grenoble, pour y prendre une compagne et y recevoir la bénédiction nuptiale.

Vous aviez été un étudiant laborieux et chrétien, craignant Dieu et respectant votre âme. Dieu ne l'a pas oublié. Celui de vos camarades d'études pour lequel vous aviez le plus d'affection, dont vous estimiez le plus le caractère, celui qui partageait vos goûts et vos croyances et dont vous aimiez à parler souvent, M. Lefrançois, gardait de vous aussi le meilleur souvenir. Quand il s'est agi d'assurer le bonheur de sa parente, il a songé tout naturellement à vous ; il vous connaissait bien.

Sans doute, Dieu ne traite pas chacun selon ses mérites pendant cette vie ; il laisse, souvent, ceux qui l'oublient ou l'outragent avoir leur heure de succès et de propérité ; il fait, comme dit l'Évangile, lever son soleil pour les bons et pour les méchants ; mais, en attendant le jour de la justice pour tous, le chrétien fidèle constate plus d'une fois, dans le cours de son existence, que Dieu intervient directement en sa faveur, qu'il veille sur lui et le protège.

Et vous aussi, Mademoiselle, vous avez été, vous êtes, en ce moment, l'objet des attentions paternelles de Dieu. Je ne veux pas, je ne dois pas faire l'éloge de celui dont vous allez partager la destinée, comme il partagera la vôtre, et qui a bien voulu me faire l'honneur et me procurer la vive joie de bénir votre union; mais je ne puis m'empêcher de vous dire : Mademoiselle, soyez sans crainte; donnez votre main et votre cœur en toute confiance, en toute tranquillité; allez sans peur vers l'avenir. Vous mettez votre main dans une main loyale, et c'est, je vous l'assure, un noble cœur qui répond à votre cœur.

Je le sais, de bonne heure la mort avait fait

autour de vous et dans votre âme des vides douloureux, de ces vides que rien ne parvient plus à combler et qui laissent d'inconsolables tristesses. Heureusement, votre enfance put trouver un abri dans une famille où les soins les plus assidus et les plus affectueux vous ont été prodigués jusqu'à aujourd'hui. Pendant que M. Schveiss se conduisait à votre égard en oncle dévoué, votre tante, Mme Calvat, avait pour vous la vigilance et les sollicitudes d'une mère ; elle vous a aimée et élevée comme sa propre fille, on ne peut rien dire de plus. M. Vialet a surveillé vos intérêts avec un zèle scrupuleux. Vous avez passé vos jeunes années dans un excellent milieu, Mademoiselle, dans ce monde industriel, où, avec le développement de l'intelligence, on rencontre si fréquemment la fermeté du caractère, la largeur des vues, le sérieux de la vie, une bonté forte et profonde. Je sais, d'ailleurs, combien vous avez su profiter de ces salutaires influences.

Vous allez quitter cette famille qui a des droits éternels à votre reconnaissance ; laissez-moi vous parler un instant de celle dans laquelle vous allez entrer. Je pourrais en dire beaucoup de bien, si je n'avais pas tant de motifs pour me regarder un peu comme en faisant partie. Vous allez y trouver un père, un vrai père ; il est bien l'homme dont parle l'Ecriture : homme simple, droit, craignant Dieu et l'implorant sans cesse pour ses enfants. (Job., cap. I.) Oh ! j'en suis sûr, que de ferventes prières il a dites déjà pour celle qui devient aujourd'hui sa fille ! Vous allez y trouver une sœur simple et bonne, elle aussi ; vous pouvez compter absolument sur elle. L'intimité la plus parfaite va s'établir bien vite entre vous deux.

Et maintenant, Mon cher Ami, et vous, Mademoiselle, recommandez-vous à Dieu. Priez avec toute la ferveur dont votre âme est capable ; priez l'un pour l'autre. Vos parents, vos amis vont prier avec vous et pour vous ; je vais prendre cette gerbe, ce faisceau de prières, de vœux, de souhaits de bonheur, y joindre les miens et les offrir au grand Dieu qui tient entre ses mains nos destinées. Ah ! c'est qu'il faut compter avec les épreuves, avec les heures pénibles et les mauvais moments dans la vie. Vous aurez votre part de bonheur — et je vous la désire très large ; — vous réalisez la première des conditions pour être heureux : la communauté de croyances, l'harmonie des pensées et des sentiments, de l'esprit et du cœur dans la foi, la foi vive et pratique.

Mais le fond de votre vie commune n'en sera

pas moins une suite de graves et parfois difficiles devoirs. J'insiste plus particulièrement sur les vôtres, Mon cher Ami, et vous ne m'en voudrez pas. Le mari est chef dans la famille, mais chef responsable, et cette responsabilité vous imposera de continuels sacrifices, je puis dire, une véritable immolation. Vous ne reculerez jamais, n'est-ce pas ? devant ces sacrifices ; vous saurez toujours vous dévouer.

A côté de ces devoirs doux et austères de la vie de famille, vous en avez d'autres. Vous êtes homme public ; vous vous devez à vos concitoyens ; vous vous devez à l'Église. Toute juste cause a le droit de vous appeler à son secours. Aussi continuerez-vous à faire ce que vous avez fait jusqu'à présent : à mettre toute votre influence au service du droit et de la vérité. Je dois vous le dire : Dieu compte sur vous et attend beaucoup de vous. Mais vous savez qu'en retour il vous réserve au ciel une bien belle récompense, que partagera votre compagne, parce qu'elle aura su vous encourager et vous soutenir dans la pratique du bien.

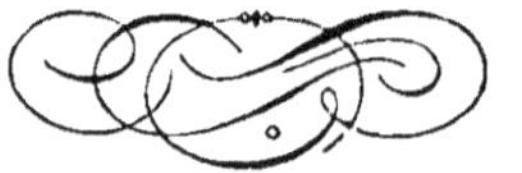

Digne. — Impr. Chaspoul, Constans et vᵉ Barbaroux.